RAPPORT

FAIT

AU CONSEIL GÉNÉRAL DU VAR

DANS LA SESSION DE 1863

(Séance du 27 août)

SUR

La Réponse à faire à la Circulaire de M. le Ministre de l'Intérieur,
en date du 6 août 1863.

PAR

M. LE Vte DE KERVÉGUEN

DÉPUTÉ ET CONSEILLER GÉNÉRAL DU VAR

PARIS

IMPRIMERIE CENTRALE DES CHEMINS DE FER

DE NAPOLÉON CHAIX ET Ce,

Rue Bergère, 20, près du boulevard Montmartre.

1864

RAPPORT

FAIT

AU CONSEIL GÉNÉRAL DU VAR

DANS LA SESSION DE 1863

PAR

M. LE V^{TE} DE KERVÉGUEN

Député et Conseiller général du Var.

M. le rapporteur de la Commission des finances lit la circulaire suivante de M. le Ministre de l'Intérieur, que M. le Préfet a communiquée au Conseil :

Questions posées aux Conseils généraux sur les ressources et les charges des Budgets départementaux.

« Monsieur le Préfet, le travail auquel je me suis livré pour la répartition du fonds commun m'a fait reconnaître une fois de plus l'insuffisance des ressources mises par la loi à la disposition des Conseils généraux et de l'administration pour assurer les services départementaux. Depuis longtemps, le Gouvernement se préoccupe des moyens de remédier à un état de choses qui s'aggrave d'année en année et dont les Conseils généraux se sont souvent émus ; la question a été portée devant le Sénat, qui l'a renvoyée à l'examen des ministères des finances et de l'intérieur ; le Corps législatif de son côté, l'a discutée dans ses bureaux, et la Commission du budget a contaté, dans les termes suivants, l'opportunité d'une étude définitive :

« L'examen de cette partie du budget du ministère de l'in-
» térieur appelait nécesairment l'attention de votre Com-
» mission sur une question qui vous a souvent préoccupés,

1864

» mission sur une question qui vous a souvent préoccupés,
» et a été, plus d'une fois, discutée dans votre assemblée ;
» nous voulons parler de l'équilibre des charges et des res-
» sources de la 1re section du budget départemental. Le trans-
» port à la charge de l'État de l'entretien et du service des
» prisons départementales a été, sans doute, un allégement
» notable ; mais des besoins nouveaux et nombreux ont ap-
» paru, sans pouvoir être satisfaits complétement.

» Discutée dans vos bureaux lors de l'examen du budget,
» elle l'a été, de nouveau, dans le sein de votre Commission,
» avant qu'elle empruntât un nouveau relief à la remar-
» quable discussion dont elle a été récemment l'objet au
» Sénat.

» De nombreux systèmes ont été proposés et soutenus ou
» repoussés par des convictions énergiques. En pareille ma-
» tière, une solution ne peut s'improviser sans danger ; votre
» Commission n'avait ni le temps ni les documents suffi-
» sants pour en adopter une. Elle pense, d'ailleurs, que, sur
» cette matière, l'avis des Conseils généraux peut être un
» précieux élément de décision, et qu'il serait utile de con-
» sulter ces assemblées, si justement autorisées, sur les
» moyens de remédier à une situation dont elles-mêmes ont
» signalé les inconvénients.

» Le Gouvernement, nous ont déclaré MM. les Conseillers
» d'État, est aussi vivement que nous préoccupé de cette
» question. Il l'étudie avec tout l'intérêt qui s'y rattache, et
» il se propose de consulter les Conseils généraux sur la so-
» lution dont l'opportunité lui paraît démontrée.

» En présence d'une aussi complète communauté de vues,
» nous ne pouvons que nous en rapporter à la sollicitude de
» l'administration pour mettre la prochaine législature en
» mesure de résoudre une question si grave pour tous les
» départements. »

» Je m'associe complétement à la pensée du Sénat et du
Corps législatif, et je désire connaître l'opinion du Conseil
général de votre département.

» Voici la situation que révèle l'examen des budgets préparés pour l'année 1863 : la 1ʳᵉ section du budget (dépenses ordinaires) présentera un déficit de 7 millions qui devra être couvert au moyen des ressources propres à la 2ᵉ section (dépenses facultatives). De plus, un certain nombre de départements ont été amenés par la force des choses à demander aux ressources extraordinaires de la 3ᵉ section le moyen de faire face à des dépenses ordinaires de leur nature. L'irrégularité de cet expédient, accepté, à regret, par l'Administration et le Corps législatif, ne me permet pas d'indiquer avec précision le chiffre de ces prélèvements qui contribuent sensiblement à élever la moyenne des centimes extraordinaires.

» Dans cette situation, les Conseils généraux sont fondés à se plaindre de l'annulation de la plus importante peut-être de leurs prérogatives : le vote libre et réfléchi des dépenses facultatives d'utilité départementale. Pour moi, qui apprécie à un haut degré la sagesse des votes de ces assemblées, je regrette vivement l'amoindrissement de leur action, et je les invite avec confiance à rechercher avec vous les moyens de rendre à leur initiative toute sa liberté.

» Le premier moyen qui s'offre à la pensée consiste dans l'augmentation des ressources de la 1ʳᵉ et de la 2ᵉ section. Il suffirait, pour obtenir ce résultat, de faire supporter par les quatre contributions les centimes qui, aujourd'hui, ne portent que sur la contribution foncière et la contribution personnelle et mobilière. Mais les 25 centimes qui sont affectés aux deux premières sections donneraient alors 72,800,000 fr. Ils ne donnent aujourd'hui que 51,800,000 francs. La différence de 21,000,000 de francs dépasserait considérablement la mesure des besoins actuellement constatés. Il y aurait donc lieu de réduire le nombre des centimes. Le résultat définitif de cette double modification serait un dégrèvement pour la propriété foncière et une aggravation de charges pour les patentables. Je suis disposé à reconnaître que le privilége dont jouissent ces derniers de ne pas contribuer aux charges ordidaires et facultatives des départements est difficile à justifier; toutefois, j'appelle particulièrement l'attention du Conseil général et la vôtre, Monsieur le Préfet, sur la nécessité de rechercher et d'indiquer les combinaisons qui paraîtraient les plus propres à atténuer dans votre département les difficultés de la transition.

» Le second moyen de rétablir l'équilibre des budgets départementaux consiste dans la diminution des dépenses actuelles, par la mise à la charge du budget général de certains services placés aujourd'hui à la charge des départements. Ces services pourraient être : 1° les frais de parquet et les dépenses de mobilier des cours d'assises et des tribunaux ; 2° les enfants assistés ; 3° les aliénés. La dépense du premier de ces services n'est que de 1,510,000 francs : il ne saurait donc fournir seul une solution ; mais il pourrait utilement servir d'appoint dans une combinaison plus étendue. Les enfants assistés imposent aux départements une charge nette de 6,939,100 francs, et les aliénés une charge nette de 6,984,250 francs. Le passage d'un de ces deux services au compte du budget de l'État paraîtrait donc suffire pour dégager les finances des départements. Mais pour éviter tout malentendu, et sans rien vouloir cependant enlever à la liberté d'appréciation des Conseils consultés, je crois nécessaire de leur faire connaître que je ne serais pas disposé à donner suite à une combinaison qui désintéresserait complétement le département de ses devoirs de charité envers les enfants assistés et les aliénés : les familles, les hospices et les communes continueraient à supporter leur part des dépenses; le département y concourrait pour une part au moins égale, et le surplus serait seul supporté par l'État.

» Un autre moyen de rétablir l'équilibre dans les finances départementales consisterait dans la suppression du fonds commun, et son remplacement par un fonds de secours destiné à venir en aide aux départements pauvres. Chaque département reprendrait la disposition des 7 centimes qui forment aujourd'hui la dotation du fonds dont la distribution m'est confiée ; les départements riches cesseraient de se plaindre de l'emploi de leurs ressources au profit de départements avec lesquels ils n'ont pas de relations d'intérêts, et les départements pauvres trouveraient dans la libéralité de l'État une compensation à l'insuffisance de leurs ressources. Mais cette combinaison grèverait le budget de l'État d'une dépense de 3 millions environ, et peut-être ne serait-il possible de s'y arrêter qu'autant que le concours des quatre contributions, aux dépenses des deux premières sections, permettrait de faire passer au nombre des centimes généraux sans affectation spéciale, un des centimes aujourd'hui affectés aux dépenses des départements.

» Il me reste, Monsieur le Préfet, à vous entretenir d'une dernière combinaison qui, sans être de nature à combler le déficit reconnu, pourrait cependant diminuer le mal dans une certaine mesure, en donnant aux Conseils généraux une plus grande liberté d'action et aux budgets plus d'élasticité.

» Le budget normal d'un département comprend trois sections répondant à trois ordres de dépenses que leur nom seul caractérise suffisamment : 1re section, *Dépenses ordinaires;* 2e section, *Dépenses facultatives;* 3e section, *Dépenses extraordinaires.* Des lois spéciales y ont ajouté une 4e section pour les dépenses des chemins vicinaux, avec une affectation de 5 centimes, et une 5e section pour les dépenses de l'instruction primaire avec une affectation de 2 centimes. En reportant ces 7 centimes sur les deux premières sections, on conserverait la dotation de deux services intéressants; mais, en même temps, les Conseils généraux seraient plus maîtres de répartir les ressources suivant les besoins, et l'on ne verrait pas des départements, trop riches en centimes spéciaux, les laisser tomber nécessairement en non-valeur, tandis que l'insuffisance de leurs ressources ordinaires les oblige à demander une large part du fonds commun. L'adoption de cette mesure donnerait en même temps aux budgets départementaux un caractère de simplicité qui en rendrait l'étude plus facile et répondrait aussi aux intentions plusieurs fois manifestées par l'Empereur.

» Telles sont, Monsieur le Préfet, les principales questions que soulève l'examen des budgets départementaux. Je n'ai pas besoin de dire que les diverses solutions que j'ai indiquées n'ont rien d'exclusif et que j'étudierai avec intérêt toutes les combinaisons que pourra suggérer aux Conseils généraux leur expérience des affaires départementales.

» Vous voudrez bien me faire parvenir, après la session, et au plus tard le 15 septembre, la délibération du Conseil général et votre avis personnel.

» Recevez, Monsieur le Préfet, l'assurance de ma considéraon très-distinguée.

» *Le Ministre de l'intérieur,*

» P. BOUDET. »

M. le rapporteur continue en ces termes :

« Messieurs,

» Tous les départements de l'Empire se trouvent encore une fois dans une position financière très-gênée et qui appelle la sérieuse attention de chacun de nous.

» Tous ont des dépenses obligatoires qui excèdent de beaucoup les recettes que les lois actuelles destinent à y faire face.

» C'est vous dire que les ressources affectées à la 1re section de nos budgets sont insuffisantes à solder les dépenses qui y sont afférentes, et dont une forte partie est nécessairement rejetée sur la 2e section.

» Le malaise que nous vous signalons aujourd'hui et qui nuit d'une façon si déplorable au libre vote des Conseils généraux et au bon agencement des budgets départementaux, est de date ancienne et provient de causes multiples que l'étendue fatalement restreinte de cet exposé ne nous permet pas de rechercher aujourd'hui et de produire avec les développements qu'elles comporteraient.

» Quant au malaise dont nous parlons, il existe, et il s'est montré, il y a huit ans déjà, dans sa cruelle exigence. Mais le Gouvernement, dans sa sollicitude éclairée, est venu à notre aide, en prenant spontanément à sa charge la dépense des prisons départementales, qui figurait alors obligatoirement à la 1re section.

» Il s'est de la sorte approprié une charge constante et annuelle de 7 millions de francs, et il en a exonéré à tout jamais les départements.

» Cet allégement de 7 millions produisit alors l'effet désiré. Il fit disparaître le déficit du moment, et laissa croire que le nivellement des dépenses et des recettes ordinaires serait désormais un fait normal et continu.

» Malheureusement il n'en a pas été ainsi, et le développement graduel de la richesse publique se combinant avec les nécessités de l'industrie et les besoins impérieux des populations, a naturellement forcé les Conseils généraux d'améliorer partout la viabilité des routes et de consacrer de plus fortes sommes à leur entretien.

» N'omettons pas de mentionner encore la surélévation de la main-d'œuvre et la cherté des matériaux.

» Toutes ces circonstances, qui vous sont parfaitement connues, et dont nous pensons que nous avons plutôt lieu de nous féliciter que de nous plaindre, ont, en sept années, tellement réagi sur nos finances, que nous nous trouvons de nouveau, à cette heure, en présence d'un déficit considérable auquel il faut remédier sans retard, sous peine de le voir s'aggraver au grand détriment de la chose publique.

» De nombreuses pétitions ont été adressées au Gouvernement à ce sujet. Une discussion importante s'en est suivie au Sénat, et les hommes éminents qui y ont pris part, et qui tous possèdent à fond le mécanisme de nos lois fiscales et le jeu de notre comptabilité administrative, ont proposé divers moyens curatifs dont les Ministres de l'Empereur ont désiré vous laisser le choix.

» C'est dans le même sens que la Commission du Corps

législatif s'est exprimée en termes très-catégoriques dans le rapport relatif au budget de l'exercice 1864.

» Tous les grands Corps de l'Empire, sans oublier le Conseil d'État, ont été unanimes à reconnaître que, le mal étant constaté, il fallait laisser aux Conseils généraux le soin à chacun d'indiquer le remède qu'il préférait.

» De cette situation est née la circulaire de M. le Ministre de l'Intérieur, en date du 6 août 1863, envoyée à nous tous, que vous connaissez parfaitement et dont je vous ai tout à l'heure donné lecture.

» L'importance du sujet qu'elle aborde et qu'elle traite par simples indications n'échappera à personne. Il s'agit tout à la fois de l'assiette déjà ancienne de nos impôts directs, de la possibilité et de l'urgence de les asseoir d'une façon plus équitable et plus uniforme, de disparates à effacer dans la proportionnalité des diverses natures de contributions, et aussi de la grande question du fonds commun.

» Vous savez que cette dernière est une opération qui consiste, de la part de l'État, à prélever sur le principal des deux premières contributions, *la foncière* et *la personnelle mobilière*, 7 centimes additionnels, dont le Gouvernement fait masse et qu'il répartit ensuite, chaque année, entre tous les départements, suivant les besoins reconnus de chacun.

» Cette utile mesure, qui a pour but de créer une solidarité entre toutes les contrées de l'Empire, et pour effet de faire secourir les pays pauvres par ceux que la nature a mieux dotés ou que le commerce a enrichis, profite heureusement aux premiers, sans néanmoins préjudicier beaucoup aux seconds.

» Mais, comme elle est mise en question et même en délibération par la circulaire ministérielle précitée, il est à craindre que les départements payants ne sollicitent, à l'envi l'un de l'autre, la suppression d'une charge dont ils ont souvent contesté l'opportunité et la justice.

» Quant à nous, Messieurs, qui représentons le Var, nous avons un intérêt capital au maintien de l'état de choses actuel, sans l'assistance duquel le désarroi le plus complet serait jeté dans nos finances.

» Quelques chiffres vont vous faire apprécier notre situation particulière.

» En 1864, nous verserons au fonds commun pour 7 centimes, 110,446 francs (le centime valant pour nous 15,778 fr.) et nous en retirerons 195,000 francs, partant, 84,554 francs de profit.

» Si vous considérez, Messieurs, que notre 1re section n'a pas 360,000 francs de recettes annuelles, y compris les 84,500 francs dont nous bénéficions par le fonds commun précité, ce qui fait 23 1/2 p. 0/0 de notre encaisse;

» Que, d'autre part, notre déficit sur les dépenses ordinaires est déjà de 62,000 francs environ, qui sont fatalement pris sur les dépenses facultatives, vous conviendrez alors avec votre Commission que, si l'on supprimait par mesure générale le fonds commun départemental, notre position deviendrait intolérable, car au vide présent de... 62,000 »
il faudrait encore ajouter la perte de .... 84,500 »

Total du découvert annuel..... 146,500 »

» Nos recettes principales se limiteraient alors à 278,500 francs en regard de 424,500 francs de dépenses constantes et irréductibles. Nous les appelons irréductibles, parce que nous entrevoyons avec effroi leur accroissement certain dans un avenir qui n'est pas fort éloigné.

» Nos intérêts vitaux sont donc liés étroitement au maintien du fonds commun, et c'est dans ce sens que nous aurons l'honneur de vous proposer un vote catégorique à la fin de ce rapport.

» Nous estimons que le gouvernement aura égard aux doléances des contrées pauvres de la France, au nombre desquelles on doit continuer à nous ranger.

» D'après un relevé que votre rapporteur vient de faire en dépouillant un à un les chiffres officiels de chaque département, donnés par le *Moniteur* du 18 juillet 1863, il résulte que pour l'exercice prochain.

> 37 départements verseront beaucoup plus au fonds commun qu'il n'en recevront, en d'autres termes, que la mesure leur sera contraire ;

> Que 9 départements en retireront l'équivalent de leurs mises, et enfin

> Que 43 départements, le Var inclus, profiteront des plus-values versées par les 37 premiers.

————

Total égal, 89 départements.

» Permettez-nous, sur cet objet spécial, une dernière considération qui ressort du travail qui précède, c'est que le nombre 43 des bénéficiaires étant plus fort que celui, 37, des perdants, nous avons un motif de plus d'espérer, en dehors des grandes considérations économiques dont le Gouvernement s'inspire, que le fonds commun sera maintenu en son fonctionnement actuel.

» Maintenant que cette première question est vidée, en ce qui nous concerne, nous passons à l'examen sommaire des autres points traités par la circulaire ministérielle précitée.

» Veuillez vous rappeler, Messieurs, que le déficit à combler à cette heure est de 7,300,000 francs environ pour toute la France, et que pour nous en particulier, il est de 62,000 fr. en nombres ronds.

» M. le Ministre vous demande si vous voulez, d'abord, élever le chiffre des centimes additionnels des deux dernières contributions, celles des portes et fenêtres et des patentes, de façon à porter le quantum des centimes des quatre contributions à un chiffre égal pour chacune d'elles.

» Ici, une explication est nécessaire pour mieux préciser le point de la difficulté.

» En 1792, il n'existait que deux seules natures de contributions : le foncier et le personnel réuni au mobilier.

» A cette époque, l'État eut besoin de fonds, et il décréta successivement des sous additionnels au principal des impôts établis.

» Plus tard, les nécessités gouvernementales devenant plus impérieuses, il créa la contribution des portes et fenêtres, et ensuite celle des patentes.

» D'années en années, de déficit en déficit, on en vint à ajouter non plus des sous, mais des centimes aux quatre contributions, en conservant, bien entendu, les surimpositions préexistantes à la création des deux dernières contributions.

» Il est résulté de cet état de choses ancien et des super-positions continuelles, que pour les centimes généraux, seulement, le foncier supporte à

son principal . . . .   33 c. 8/10mes additionnels
alors que le mobilier en a . . . .   50 c. 8/10mes —
les portes et fenêtres . . . .   25 c. 2/10mes —
et les patentes . . . .   22 c. 8/10mes —

» Ces chiffres différentiels et choquants de 33, 50, 25 et 22 montrent le disparate incroyable que les événements et les circonstances ont amené dans l'assiette de nos impôts directs. Vous remarquerez néanmoins que les deux contributions les plus jeunes, les portes et fenêtres et les patentes, sont les moins surtaxées, et que les patentes nommément le sont le moins. Cette dernière n'a pas même en centimes addition-nels la moitié (50 contre 22) de ceux infligés aux cotes per-sonnelles et mobilières.

» La proposition ministérielle d'apporter de l'ordre, de la régularité et de l'uniformité dans cette tarification, est juste en principe et équitable au fond. Vous en jugerez, Messieurs, par un seul exemple, que voici :

» Chaque fois qu'un département construit une route et qu'il obtient des Chambres un vote de fonds pour l'édifier, les quatre contributions supportent l'imposition temporaire qui est établie.

» Puis, quand la route est achevée, son entretien étant dévolu à la 1re section, et celle-ci étant alimentée exclusivement par les deux premières contributions, il en résulte que les deux dernières en sont exemptes.

» Ces diverses anomalies n'ont aucune raison d'être, elles sont même inconcevables, car on ne pourra jamais faire comprendre et admettre que les patentables qui représentent le commerce, le négoce, les manufactures, les usines et l'industrie, ne doivent pas contribuer à l'entretien des routes qu'ils détériorent pourtant dans une large part, par leurs charrois multiples et incessants, et que cette charge soit irrévocablement et exclusivement mise sur le sol et la propriété.

» Cela n'est pas juste; aussi de toutes parts on souhaite un redressement qui produira partout le niveau d'une équitable égalité, en diminuant quelque peu les premières contributions et en accroissant les dernières.

» Votre Commission l'a reconnu en principe, et elle pense que tôt ou tard ce système sera adopté; mais en présence de la situation particulière du département du Var, de la continuité de l'oïdium, du malaise des industries manufacturières et de la gêne commerciale qui en résulte, il était indispensable de ne point accroître le chiffre des patentes, et qu'il fallait réclamer le maintien du *statu quo*.

» Vos commissaires invoquent, d'ailleurs, à l'appui de leur proposition, l'ancienneté de ce qui est, la difficulté de changer les mœurs et les habitudes d'un pays, l'irritation que produiraient ces profondes modifications, et, enfin, et par-dessus tout, la possibilité d'atteindre le but désiré, sans choquer personne et sans froisser aucun intérêt.

» Nous pensons que ces motifs péremptoires auront votre approbation.

» Le ministre de l'intérieur indique encore comme moyen de combler les insuffisances départementales, quelques autres expédients que voici, dans l'ordre que lui-même leur assigne.

» 1° Le transfert au compte de l'État des frais de parquet et de mobilier des cours d'assises et des tribunaux. Cette dépense est pour toute la France de 1,520,000 francs, et pour le Var spécialement de 15,700 francs.

» Nous vous demandons expressément d'adhérer complétement aux vues de Son Excellence à ce sujet.

» Tous les traitements de la magistrature et même les frais de justice criminelle qui dépassent 5 millions, sont au compte de l'État. Il est rationnel d'y rattacher ce reliquat de dépenses, ce solde de frais, qui est improprement mis au compte des départements.

» Cette seconde décision de votre part soulagerait notre budget de 15,700 francs.

» Revenons à la circulaire.

» 2° La translation à l'État pour partie seulement et pour moitié tout au plus, de la dépense nécessitée par les aliénés et les enfants trouvés.

» Ces deux chapitres occasionnent un débours total de 14,000,000 francs pour tout l'Empire.

» Votre Commission, après avoir mûrement étudié et scruté ces délicates questions, a été amenée à les repousser.

» Ces motifs sont nombreux, et je vais avoir l'honneur de déduire les principaux, et de les faire successivement passer sous vos yeux.

» D'abord, elle a été frappée du résultat produit par le passage des prisons départementales au compte du gouvernement, ce qui a fait croître la dépense de ces dernières dans une proportion très-notable. Cela se conçoit et s'explique, car chaque prison étant administrée avec vigilance et économiquement dans le département dont elle ressortissait, son entretien était réduit au nécessaire et à l'indispensable, au moins de frais possible.

» Mais quand toutes les prisons ont été placées sous le pouvoir central qui n'administre que de loin, il a fallu à ce dernier une inspection nombreuse et coûteuse, une organisation spéciale de contrôle, des frais d'entretien de bâtiments plus onéreux, un personnel central considérable, un comité médical et une foule d'autres créations qui ont élevé et accru les dépenses dont l'État prenait désormais la charge.

» Votre Commission a craint qu'il en fût de même pour les aliénés et les enfants trouvés, dont l'existence et les soins sont confiés à la vigilance éclairée et bien entendue des Conseils généraux.

» Ses appréhensions sont très-légitimes, parfaitement fondées, et se justifient aisément. Vous allez en juger.

» La loi oblige les départements à tenir renfermés et à soigner dans les asiles, les aliénés qu'il serait dangereux de laisser en liberté. Quant aux fous qui ne sont pas méchants, tels que les idiots, les imbéciles et les épileptiques, elle les laisse dans la catégorie générale des indigents, aux besoins desquels, à défaut de famille qui puisse en prendre soin, il appartient à la charité, soit publique, soit privée, de pourvoir suivant les possibilités locales. Par suite, les départements ne retiennent, en général, dans leurs asiles, que les aliénés dangereux. Ce n'est que très-exceptionnellement, quand il y a des places vides dans les établissements et que la situation financière le permet, qu'ils peuvent, mais alors facultativement, dépasser un peu la limite et accepter à leur charge des aliénés non dangereux.

» On conçoit, en effet, que la démarcation qui sépare l'aliéné méchant de celui qui ne l'est point, mais qui peut le devenir, n'est pas caractérisée d'une façon bien nette. Il faut à l'autorité préfectorale, non-seulement beaucoup de discernement, mais de bons moyens d'information, pour démêler la vérité dans une matière où familles et communes font démarches sur démarches pour tâcher d'obtenir l'admission, dans les asiles, d'aliénés qu'on prétend dangereux pour s'en débarrasser, et qui ne le sont cependant pas de la manière indiquée par la loi.

» Aujourd'hui, les préfets sont assistés par les Conseils généraux qui, dominés toujours par la nécessité financière, ont d'ailleurs la connaissance des faits locaux, et une clairvoyance suffisante pour opposer avec intelligence une digue aux flots des sollicitations.

» Mais dès que l'État aurait pris le service à sa charge,

les rôles changeraient du tout au tout. Les efforts des familles et des communes redoubleraient pour se débarrasser, sur l'État, d'aliénés non dangereux que le département n'eût pas acceptés; le Conseil général r'aurait plus rien à y voir, bien qu'on l'astreignît à solder la moitié de la dépense, et il est même à présumer que les Conseils généraux, entraînés par des obsessions de toutes sortes et de toutes natures, au lieu de couvrir l'État et les préfets, seraient promptement conduits à appuyer les efforts de leurs municipalités, à solliciter les Préfets, et à provoquer des admissions de plus en plus larges.

» 3° Le danger est analogue quant au service des enfants trouvés, que le Gouvernement prendrait aussi partiellement à son compte. Aujourd'hui, que de vigilance il faut aux Conseils généraux pour empêcher les dépenses de ce service de se développer d'une façon immodérée ! Quelle sollicitude ils y apportent ! Quand la dépense aura été mise à la charge de l'État, ce contrôle si utile, si efficace de la part d'hommes connaissant bien les faits locaux, cessera subitement.

» Croit-on aussi qu'on ne sera pas plus exigeant à l'égard de l'État? Pressés par la nécessité d'aligner leurs budgets, les Conseils généraux examinent de près les dépenses demandées tantôt pour un détail, tantôt pour un autre, et cherchent à pourvoir à quelques-uns, en utilisant le concours, soit d'institutions religieuses pour légitimer des unions clandestines qui font opérer des retraits d'enfants déposés aux hospices, soit d'institutions administratives, telles que celles des médecins cantonaux, pour les soins à donner aux enfants répandus dans les campagnes.

» Quand ce ne seront plus les Conseils généraux qui tiendront les cordons de la bourse, un des deux termes de la question leur aura échappé, *la limite des crédits*. Ils ne verront que l'autre terme, l'utilité en elle-même des améliorations sollicitées, et au lieu de mettre une digue à l'accroissement des dépenses, ils seront les premiers à encourager l'État à dépenser davantage.

» Alors aussi, il faudra laisser périr ou abandonner ces subventions accordées par certains départements aux filles mères, pour reprendre, soigner, élever et moraliser leurs enfants, secours modiques, donnés à propos, qui ménagent nos finances, tout en conservant chez les femmes coupables d'une faiblesse, les sentiments de la maternité que la religion et la nature leur ont donnés, et qui se seraient effacés chez elle sans cette prévoyante mesure.

» Il est évident pour nous que l'État, intervenant en maître dans cet important service, ne pourra que plus chèrement pourvoir aux mille détails si complexes des enfants trouvés.

» Aussi, Messieurs, il est facile de discerner combien M. le Ministre de l'Intérieur pressent lui-même le danger. Voyez avec nous quelles précautions il cherche d'avance à prendre contre des abus inévitables et certains, pour le cas où vous adopteriez quelque chose d'un semblable moyen ! Avec quel empressement la circulaire, qui partout ailleurs se borne à poser les questions et à les effleurer, fait ici une parenthèse pour prévenir les Conseils généraux qu'on ne pourrait d'ailleurs se prêter à une combinaison qui désintéresserait le département, et qu'on aurait besoin de garder contre lui cette garantie, qu'il resterait encore intéressé pour moitié dans ces sortes de dépenses.

» Ainsi, pour diminuer et affaiblir le danger imminent d'une mesure déjà reprochable et très-contestable en principe, nous ne rencontrons dans la circulaire ministérielle que complications de défiances, de garanties, de comptes à demi avec les départements, les hospices et les communes.

» Croyez-nous, Messieurs, nous vous en prions, ayez quelque confiance dans notre expérience, et dites aussi qu'il est bien plus simple de laisser ces choses-là comme elles sont actuellement.

» Ce n'est pas tout. Si vous sollicitiez le Gouvernement de prendre à son compte moitié de la dépense relative aux aliénés et aux enfants trouvés, afin d'exonérer tous les budgets départementaux d'une somme annuelle de 7 millions de francs, vous enlèveriez aux Conseils généraux une notable portion de leurs attributions et la plus noble de toutes, puisque c'est la dispensation de la charité bien entendue.

» De plus, vous aliéneriez sans retour votre autorité sur ces deux importants services, et il ne vous resterait plus, à l'avenir, que l'obligation de payer votre moitié de la dépense, sans conteste, quoique sans contrôle.

» Nous pensons encore que la ventilation de la dépense entre l'État et les départements serait chose très-difficile, facilement abusive, et qui entraînerait à des conflits ou à des résistances, toutes choses qu'il faut sagement éviter.

» Enfin, nous sommes persuadés et convaincus qu'en très-peu d'années la moitié de la dépense afférente aux aliénés et aux enfants abandonnés, confiés désormais au Gouvernement, moitié incombant aux départements, serait égale, sinon supérieure à la totalité de la dépense actuelle.

» Par ces diverses considérations auxquelles nous accordons de l'importance, nous vous engageons à ne rien aliéner de vos droits et de vos prérogatives, et à repousser carrément toute immixtion de l'État dans la gestion de ces deux services.

» D'ailleurs, si ce dernier venait à les administrer, ce ne serait qu'à des conditions bien plus onéreuses que par le mode présent, ainsi que nous l'avons démontré pour les prisons départementales.

» Là encore, il faudrait une administration centrale considérable et hiérarchisée, une inspection contrôlant des directions secondaires ou régionales ; en un mot, un ministère nouveau et toute une armée d'employés, pour un service qui, aujourd'hui, marche tout seul et sans ces rouages inutiles

» Or, l'État, quand il a des déficits dans sa caisse, demande une plus forte somme d'argent aux contribuables.

» Ce serait donc nous, en définitive, qui solderions cette différence, qui ne saurait manquer de devenir, d'année en année, de plus en plus considérable.

» A tous les points de vue donc, les deux mesures ne sont pas pratiques ; nous les déclarons même impossibles.

» Nous ne saurions, Messieurs, terminer ce que nou
avions à dire sur les enfants trouvés, relativement à la ques
tion incidente qui les a mis en cause, sans formuler, quoi
qu'en dehors du sujet actuel, un vœu qui est dans tous le
cœurs et sur toutes les lèvres.

» C'est que le Gouvernement avise enfin, et le plus pro
chainement possible, à présenter une loi générale sur l'assis
tance obligatoire à fournir aux enfants abandonnés.

» On ne saurait admettre ni tolérer plus longtemps qu'e
France, le pays de la légalité par excellence, de l'unificatio
quand même, où l'administration est une et homogène, il
ait désormais des départements qui suppriment des tour
pour en rejeter la charge sur leurs voisins, et que les un
et les autres pratiquent la charité dans des conditions s
contraires et si opposées.

» Que la loi nouvelle dispose ce que l'humanité com-
mande, et qu'alors toutes les parties de l'Empire soient sou
mises à cette régularité d'administration et de législation qu
sont une des forces et une des gloires de la France.

» La circulaire ministérielle ne dit pas, mais laisse pres-
sentir, que les départements pourraient encore demander à
l'État de prendre à son compte les routes départementales.

» N'en faites rien, Messieurs, ce serait là votre décapita-
tion, car les routes sont votre attribut le plus considérable.

» Aujourd'hui, les Conseils généraux limitent leurs besoins
à leurs forces et entretiennent de leur mieux les chemins
dévolus à leurs soins ; mais que, à un moment donné, on fasse
passer les routes départementales au budget de l'État, et
alors, tout aussitôt, les Conseils généraux, au lieu de s'appli-
quer à contenir les dépenses, seront les premiers à y pous-
ser. Aujourd'hui, il faut compter avec les fonds en caisse ou
avec les emprunts à créer, à servir et surtout à amortir ; mais
quand ils n'auraient plus la responsabilité de la dépense, et
qu'il ne s'agirait plus que de demander à l'État, quelle con-
currence pour demander ! On verrait tous les départements,
à l'envi l'un de l'autre, pétitionner, solliciter et dévorer le

budget général pour leurs routes ; et chacun d'eux se croirait dupe, s'il ne cherchait par ses efforts à être aussi bien ou mieux doté sous ce rapport que ses voisins ; et comme les départements éloignés sont toujours les plus mal traités, notre sort deviendrait pire qu'aujourd'hui.

» Gardons-nous, Messieurs, de pareilles compétitions. Nous en avons, par ailleurs, assez comme cela !

» Si nous avions une pensée à émettre sur les routes départementales, c'est que, pour éviter les lenteurs administratives du pouvoir central, on pût les distraire de l'action du corps des ponts et chaussées pour les placer sous la direction immédiate des préfets, qui les feraient gérer, administrer et entretenir par le service accru et amélioré des agents voyers.

» Nous arrivons enfin, Messieurs, au terme de l'exposé sommaire que nous avons eu la mission de vous présenter. Nous aurions désiré avoir quelques jours à nous, pour vous offrir un travail plus complet, mieux élucidé et plus digne de vous. Mais les recherches à faire nous ont pris deux jours, et la rapidité de votre marche ne nous a plus laissé que vingt-quatre heures pour rédiger en courant les notes actuelles.

» Veuillez en conséquence être indulgent pour votre rapporteur, qui, en avançant dans l'examen trop rapide de ces délicates questions, a rencontré à chaque pas des horizons nouveaux grandissant sans cesse et se reculant à l'infini.

» Il eût voulu embrasser l'ensemble du sujet, vous en montrer toutes les faces et en placer sous vos yeux les avantages et les inconvénients : le temps lui a fait défaut ; mais il est certain que vous trouverez dans le résumé des rapports spéciaux des autres départements, que M. le Ministre de l'Intérieur ne manquera de publier bientôt, de quoi combler, avec avantage et profit, les lacunes de celui-ci.

» Il nous faut nous résumer.

» Nous devons pour cela vous rappeler, Messieurs, que nous vous avons successivement proposé le rejet des divers expédients financiers que le Gouvernement passe en revue dans sa circulaire, à l'exception des frais de parquet et de mobilier des cours d'assises et des tribunaux, ce qui procurerait au département du Var un subside de...   15,700   »

» De plus, nous vous proposons de réclamer de l'État l'abandon à toujours et à notre profit, des 10 centimes 8/10mes additionnels au principal des patentes, qui sont aujourd'hui perçus et gardés par le Trésor. De cette façon, la position des patentables ne serait nullement touchée ; leur sort resterait exactement le même qu'aujourd'hui ; seulement les 10 centimes 8/10mes actuellement perçus seraient attribués aux recettes départementales au lieu de l'être au Gouvernement.

» Pour le Var, le principal des patentes est brut de 491,382 fr. 60 cent. Les 10 centimes 8/10mes additionnels augmenteraient notre avoir de   53,069   »

Ajoutons les frais précités des tribunaux.   15,700   »

Total.   68,769   »

Notre déficit actuel est pour la 1re section de   61,400   »

Reliquat en plus. . . .   7,369   »

» Vous remarquerez, Messieurs, que les propositions que nous vous soumettons atteignent complétement le but aperçu et désiré, sans porter dommage à aucun intérêt, sans léser personne, sans froisser aucune classe de redevables, sans semer aucun germe de plainte, de réclamation et de discorde ; en un mot, en laissant chacun dans la quiétude du passé.

» A ces divers titres, nous espérons que nos vues seront adoptées par vous, avec l'esprit de conciliation qui vous anime, et dont nous nous sommes naturellement inspiré.

» La question ainsi résolue quant au Var, il ne nous reste plus qu'à l'examiner au point de vue général de tous les départements de la France.

» Les menus frais des cours d'assises et des tribunaux s'élèvent en totalité à .... 1,520,000 »

le principal de toutes les patentes étant de 56 millions, les 10 centimes 8/10es additionnels, délaissés par l'État au profit des départements donneraient .... 6,034,000 »

Total fait de l'abandon fait par le Trésor au profit des finances départementales ...... 7,554,000 »

» Justement ce qui est nécessaire pour combler le déficit actuel, qui est de 7,250,000 francs.

» Ce chiffre est peu important pour l'État, qui a à sa disposition les immenses ressources des impôts indirects, si prodigieusement productifs depuis quarante ans, et donnant chaque année 30 millions, en moyenne, d'excédant sur l'exercice écoulé.

» Que sont donc 7 ou 8 millions gracieusement octroyés en regard de 30 et de 40 millions qui, chaque année, surgissent en excédant pour le Trésor?

» C'est une miette de la table du riche en faveur du pauvre, qui en sera reconnaissant.

» Quand nous réfléchissons au magnifique développement donné en France aux impôts indirects, les seuls qui, selon nous, devraient être perçus, parce qu'ils sont volontaires, dans un État bien ordonné et économiquement administré, nos regards, malgré nous, se portent vers l'avenir.

» Alors nous entrevoyons avec joie la possibilité, la certitude même, d'arriver, avec quinze ans de paix seulement, à ce prodigieux résultat, rêve fortuné de tous les économistes, qui devrait être et est sans doute l'ambition de tous les souverains :

» Plus d'impôts directs, rien que des contributions indirectes, et partant volontaires !

» Or, avec la paix, nous le répétons, et toute absence de

révolutions intérieures, nous atteindrons sûrement le but que je vous signale, et qui ne nous apparaît encore que comme un lointain mirage.

» En voulez-vous les preuves? Les voici, et j'aurai terminé.

» 2,000,000 hectolitres d'alcool peuvent facilement donner, à raison de 50 francs chacun en plus, 100 millions, et alors, imposés à ce taux, ils seront inférieurs en droits de 50 fr. sur ce qu'on paie en Angleterre, et de 20 francs sur ce qu'on prélève en Russie.

» La recette présente et brute des tabacs est de 215 millions. Or, le Var seul, pour cet objet, a payé à l'État, en 1862, 3,730,000 francs.

» Si chaque département de l'Empire consommait du tabac comme celui du Var, et cela viendra assurément, voici, par la proportion, ce que donnerait en définitive la recette de la régie.

» Si 315,000 habitants consomment 3,730,000, combien 37,800,000 habitants consommeront-ils? Le 4ᵉ terme de la proportion est 447 millions, soit 232 millions de plus que la perception actuelle, qui n'est que de 215.

» Ceci prouve que le Var achète en tabac le double de la moyenne des autres départements, et que l'État peut entrevoir de ce chef un excédant de recettes de 232 millions.

» Enfin, un impôt sur les allumettes chimiques amorphes, en diminuant de beaucoup les chances d'incendie, assurerait aux consommateurs une marchandise meilleure, moins coûteuse, et donnerait net au Gouvernement une nouvelle ressource de 24 millions. Veuillez récapituler 100, 232 et 24 millions, y ajouter un large excédant de recettes sur les sucres, par un abaissement sur les droits actuels, et vous aurez bien vite groupé les 450 millions nécessaires au dégrèvement du sol et de la propriété bâtie.

» Veuillez nous pardonner ces coups d'œil jetés à la dérobée sur nos matières imposables : ils ne sont pas tout à fait des hors-d'œuvre, puisqu'ils servent à démontrer au Gouvernement qu'il peut, sans crainte et sans témérité aucune,

faire largesse de 7 à 8 millions aux finances départementales.
qui les lui rendront au centuple par les mille canaux des
contributions indirectes.

» Il est temps de s'arrêter et de conclure.

» En conséquence de ce qui précède, nous vous proposons, Messieurs, de voter :

1° Le maintien intégral, et tel qu'il est aujourd'hui, du
   fonds commun des départements ;

2° La prise en charge au compte de l'État, des 1,520,000
   francs de dépenses des cours d'assises et tribunaux,
   actuellement soldés sur les dépenses obligatoires de la
   1re section.

3° Enfin, l'abandon gratuit en faveur de tous les départements des 10 centimes 8/10es actuellement perçus
   sur le principal des patentes, au profit du Trésor. »

Ce rapport est accueilli par de nombreuses marques d'approbation, et vaut à son auteur les éloges unanimes du
Conseil.

Les conclusions de la Commission sont en conséquence
adoptées par le Conseil général.

**Extrait textuel du compte rendu imprimé des séances du Conseil général du
Var pour la session de 1863, pages 103 à 130.**

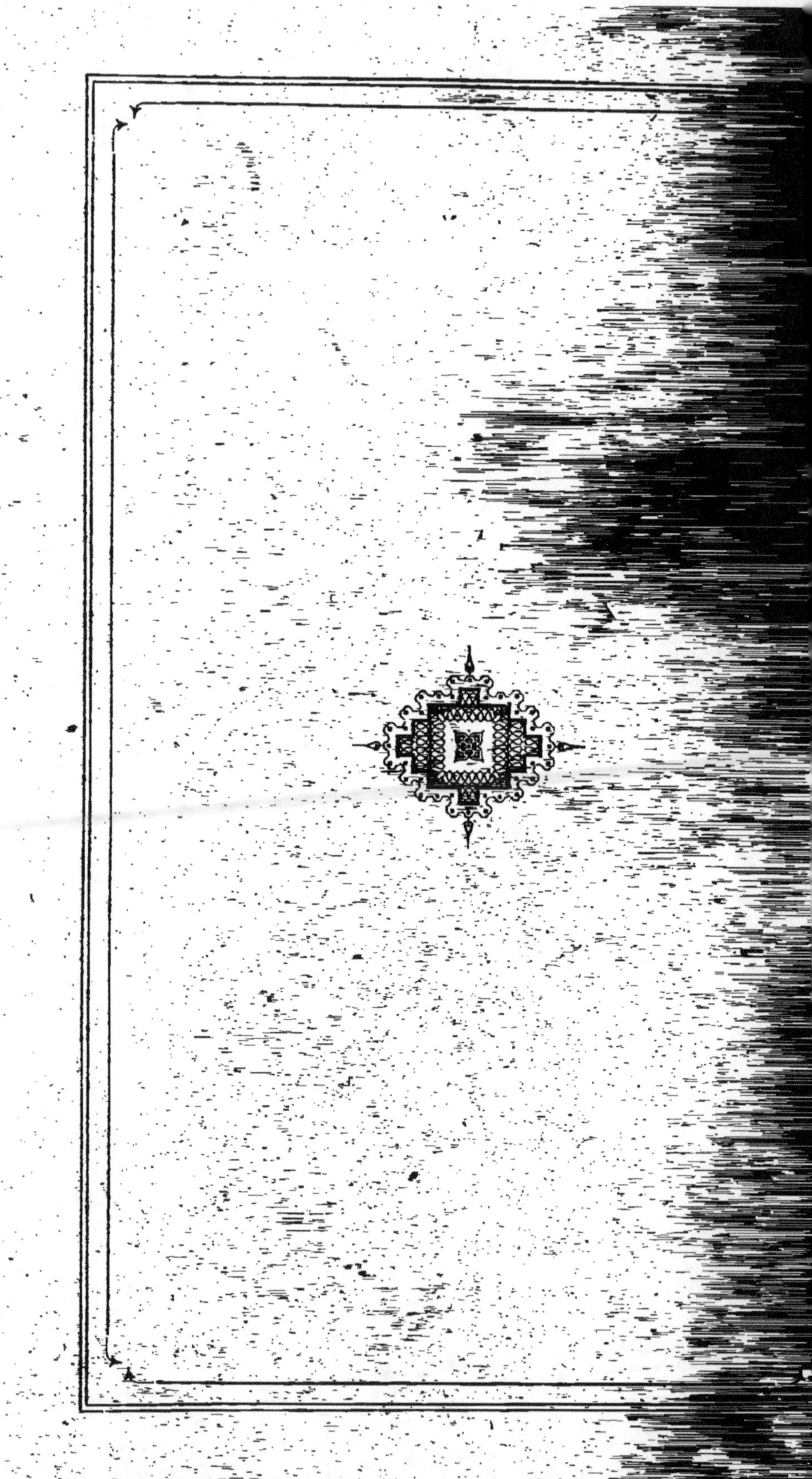